Hans Geisen

Politische Karikaturen 1983/84

Band 16

Politische Karikaturen

1983/84

Buchverlag Basler Zeitung

© 1984 Buchverlag Basler Zeitung Basel
Druck: Basler Zeitung
Gestaltung und Umschlagzeichnung: Hans Geisen
Printed in Switzerland
ISBN 3 85 815 119 x

Vorwort

Das Lachen könnte einem im Halse steckenbleiben. Was den Betrachter in diesem Karikaturen-Band erwartet, sind nicht «lustige Zeichnungen». Es sind ernste Mahnungen, nicht Verzerrungen, sondern vielmehr erschreckende Abbildungen der Wirklichkeit, Abbildungen der heillos unheilen Welt, in der wir leben.

Eine unheile Welt, die uns Hans Geisen wie in einem Spiegel vorhält. Unheil durch Zerstörung der Natur, durch Rüstungswahnsinn, durch Kriege, Terror, Ausbeutung, durch Armut und Hunger (Seiten 163 bis 167).

Der Wald stirbt (Seiten 15 bis 19). Die Natur rächt sich für jahrzehntelange Überbeanspruchung, für Vergiftungen durch Abgase aus Auspuffen, für Emissionen aus Heizungen und Fabrikkaminen. Es hat lange – vielleicht zu lange – gedauert, bis der Mensch dieser Gefahr gewahr wurde; es wird vermutlich ebenso lange dauern, bis etwas Entscheidendes geschieht. Denn: Dass der Wald vergiftet wird, das haben mittlerweile zwar die meisten begriffen und anerkannt; aber wer und was wieviel zu dieser Vergiftung beiträgt; darüber erhitzen sich die Gemüter. Massnahmen gegen das Waldsterben, die diesen Namen verdienen, gibt es bisher kaum. Was unternommen wird, das sind im grossen ganzen umfangreiche Untersuchungen über das Fortschreiten des Siechtums, das sind Bestrebungen, die Autos mit Katalysatoren auszurüsten, welche die Abgase entgiften – was wiederum die Einführung bleifreien Benzins erfordert, weil sonst die Katalysatoren kaputtgehen. Aber bis es so weit ist, bis Europas Automobile umweltfreundlicher fahren, können noch Jahre vergehen. Dafür sorgt schon die Automobilindustrie in einigen Ländern der Europäischen Gemeinschaft, welche die in dieser Hinsicht am weitesten fortgeschrittenen Bundesdeutschen bremsen möchte. Da lob' ich mir die Schweiz. Wir haben zwar keine Automobilindustrie, aber dafür einen entschlussfreudigen Bundesrat. Mutig hat er entschieden, dass ab 1. Januar 1985 auf Autobahnen mit 120 und auf den Ausserortsstrassen mit 80 Stundenkilometern gefahren werden darf. Bis dann muss man mit 130 und 100...

Gift wird nicht nur aus Auspuffen und Kaminen ausgestossen; es wird auch in der chemischen Industrie in aller Welt als Abfallprodukt hergestellt (Seiten 20 und 21). Das Unglück von Seveso ist nur ein Beispiel dafür. Und wie die Fässer mit den hochgiftigen Abfällen von Land zu Land verschoben wurden, so suchte man die Schuld für dieses unschöne Tun auf andere abzuschieben. Ende gut alles gut? In einem Spezialofen der Ciba-Geigy sollen die giftigen Abfälle der Hoffroche-Tochter verbrannt werden.

Ins Stocken geraten und festgefahren sind die Bemühungen, dem Rüstungswettlauf Einhalt zu gebieten (Seiten 23, 25 bis 30, 32 bis 37, 39 bis 41, 162 und 167). Die Verhandlungen über die Reduktion der strategischen interkontinentalen Nuklearwaffen (Start) zwischen Amerikanern und Russen wurden ebenso abgebrochen wie jene über die Mittelstreckenwaffen in Europa. Auslösender Moment des Abbruchs durch die Sowjets war die sogenannte Nachrüstung der Nato – die Stationierung amerikanischer Pershing-2-Raketen und Marschflugkörper (Cruise Missiles) in Westeuropa als Gegengewicht zu den sowjetischen SS-20-Raketen. Nicht betroffen vom Verhandlungsstop waren einzig die Verhandlungen über einen beidseitigen Abbau der (konventionellen) Streitkräfte von Warschauer- und Nato-Pakt in Mitteleuropa (MBFR), die sich seit Jahren erfolglos in Wien dahinschleppen. Derweil sich eine UNO-Konferenz wieder einmal mit der Ächtung des Giftgas-Krieges befasste, welcher auch kleineren Ländern zu führen möglich ist, wird eine weitere Gefahr, ausgehend von den beiden Supermächten, immer bedrohlicher: der Krieg im Weltraum. Von Verhandlungen darüber haben Moskau und Washington zwar gesprochen, zu solchen Verhandlungen ist es aber bisher nicht gekommen.

Auf einer ganz anderen, niedrigeren Ebene geht das Schlachten weiter. Kanadas Robben werden noch immer «konventionell» mit dem Knüppel erschlagen – allen Protesten zum Trotz (Seite 24).

Hochgemut und voller Zuversicht startete US-Präsident Reagan (Seiten 42 bis 51) ins Rennen um seine zweite vierjährige Amtszeit. Gegen seinen demokratischen Herausforderer Walter Mondale galt er als klarer Favorit, zumal sein hemdsärmliger Antikommunismus, seine simplifizierende Weltschau in der Bevölkerung gut ankamen und er weiten Kreisen das Gefühl vermittelte, «nach Carter» sei unter ihm Amerika wieder erwacht und eindeutig Weltmacht Nummer 1. Wirtschaftliche Schwierigkeiten konnten Reagans Optimismus nicht dämpfen, und auch die Tatsache, dass mit Geraldine Ferraro erstmals eine Frau als Kandidatin für die Vizepräsidentschaft nominiert wurde, beeindruckte ihn nicht.

Ebensowenig vermochte ihn zu erschüttern, dass die Olympischen Spiele in Los Angeles von den Staaten des Ostblocks – mit Ausnahme Rumäniens – boykottiert wurden (Seiten 52 bis 58). Gründe für die Absage Moskaus – dem die andern getreulich folgten –, wurden verschiedene genannt. Die Sowjets machten antisowjetische Stimmungsmache und fehlende Sicherheit in den USA für ihre Athleten und Funktionäre geltend; im Westen glaubte man eher an eine Retourkutsche für den von Reagans Vorgänger Carter vier Jahre zuvor initiierten Boykott der Spiele in Moskau oder meinte hämisch, die Russen hätten wohl eine Niederlage befürchtet.

Machtwechsel in der Sowjetunion (Seiten 58 bis 64). Nach dem Tode Juri Andropows wurde Nikolai Tschernenko dessen Nachfolger als Staats- und Parteichef. Er wurde vielfach als Mann des Übergangs betrachtet, schien aber wenigstens verbal die von Andropow lancierte Säuberungskampagne fortsetzen zu wollen. Im Sommer 1984 trat er längere Zeit nicht mehr öffentlich in Erscheinung, was sofort zu Gerüchten und Spekulationen über seinen Gesundheitszustand führte. Wurde die weitere Präsenz sowjetischer Truppen in Afghanistan im Westen mehr oder weniger akzeptiert, so rief der Abschuss einer südkoreanischen Verkehrsmaschine mit 269 Personen an Bord einen weltweiten Entrüstungssturm hervor. Weniger laut war diese Entrüstung, als nach und nach deutlich wurde, dass amerikanische Stellen mindestens durch Unterlassung mitschuldig daran wurden, dass die koreanische Maschine über sowjetisches Hoheitsgebiet ins Verderben flog. Hatte sie einen Spionageauftrag, sollte sie das sowjetische Abwehrsystem testen? Der Mutmassungen sind viele, Hinweise für die eine oder andere These gibt es; beweisen lässt sich nichts.

Wie die Sowjetunion ihre Truppen in Afghanistan, so hatte Vietnam die seinen noch immer in Kambodscha stehen (Seite 65). Ausser sporadischen Meldungen, Hanoi habe wieder einige tausend Mann aus Kambodscha abgezogen, vernahm man wenig; die Chinesen, welche auf der Seite des gestürzten Pol-Pot-Regimes stehen, hielten sich zurück; die früheren gravierenden Kämpfe mit vietnamesischen Truppen blieben aus.

In Polen nichts Neues (Seiten 66 bis 69). Mit der Aufhebung des Kriegsrechts und seiner Ersetzung durch das Notstandsrecht änderte sich an der Unterdrückung freiheitlich-gewerkschaftlicher Strömungen nichts. Das Problem der Westverschuldung blieb ungelöst, die Wirtschaft des Landes serbelte weiter dahin.

Der Papst aus Polen war wieder viel unterwegs (Seiten 68, 70 und 71). In seiner Heimat, in den USA und in Lateinamerika jubelten ihm die Massen zu.

In Italien (Seiten 72 bis 76) tat sich einiges. Auf den Republikaner Spadolini als ersten Nicht-Christdemokraten folgte im Amt des Regierungschefs der Sozialist Bettino Craxi. Seine Fünferkoalition aus Sozialisten, Christdemokraten, Republikanern, Liberalen und Sozialdemokraten war angesichts der politischen Kräfteverhältnisse die einzige praktikable Lösung. Von schweren Erschütterungen blieb aber auch die Regierung Craxi nicht verschont (Streit um den Teuerungsausgleich, Skandal-Schatten über Ministern). Da war der Abschluss des revidierten Konkordats mit dem Vatikan direkt ein Erfolgserlebnis.

Nur kurz war der Wahn, das Verhältnis zwischen beiden deutschen Staaten werde sich entkrampfen (Seiten 77 bis 81). Diese Hoffnungen hatten durch einen vom bayrischen Ministerpräsidenten Strauss an die DDR vermittelten Milliardenkredit Auftrieb erhalten. Aber als die DDR und ihre Medien in der Diskussion über die Mittelstreckenraketen in Europa ihrer Sorge über die daraus entstehenden Gefahren in ähnlicher Weise Ausdruck gaben, wie das diesseits von Mauer und Stacheldraht geschieht, kam das Halt aus Moskau. Worauf die Stimmung in Ostberlin wieder umkippte – und SED-Chef Erich Honecker einen längst ins Auge gefassten Besuch in der Bundesrepublik absagte.

In der Bundesrepublik (Seiten 82 bis 101) billigten die Wähler die «Wende» und gaben an der Urne dem Absprung der Freien Demokraten von der SPD zur CDU/CSU ihren Segen. Doch bald gab's Ärger in der neuen Koalition. Die

Freien Demokraten erzwangen die Zurücknahme eines Gesetzes, mit welchem Steuerhinterziehung in Form von Parteispenden hätte amnestiert werden sollen. Ein weiteres Mal – allerdings erfolglos – legte sich die FDP quer, als sie gegen die Inbetriebnahmne des Kohlekraftwerks Buschhaus in Niedersachsen ohne Entschwefelungsanlage votierte. Ärger hatte die Regierung Kohl/Genscher auch mit zweien ihrer prominenten Minister. Wirtschaftsminister Lambsdorff trat zurück, nachdem die Eröffnung eines Strafverfahrens wegen Bestechung bekannt wurde (Flick-Affäre). Nicht zurück trat dagegen Verteidigungsminister Wörner, der den stellvertretenden Nato-Oberbefehlshaber und Vier-Sterne-General Günther Kiessling vorzeitig in den Ruhestand versetzt hatte. Grund: Sicherheitsrisiko, weil der General in einem Homosexuellen-Lokal gesehen worden sei. Nicht nur erwies sich diese Verdächtigung als völlig haltlos; der Wörner unterstehende Abwehrdienst hatte bei der Verfolgung des Falles so dilettantisch und skandalös gearbeitet, dass Wörner den Dienst reorganisieren liess. Der General wurde völlig rehabilitiert, wieder in sein Amt eingesetzt und später ehrenvoll mit Zapfenstreich verabschiedet. Forderungen nach einer «Verabschiedung» Wörners stiessen bei Bundeskanzler Kohl auf taube Ohren.

Für weltweites Aufsehen sorgte die Illustrierte «Stern» mit der Veröffentlichung von «Tagebüchern Adolf Hitlers». Der Knüller des Jahres wurde zum Flop des Jahres, als sich herausstellte, dass die Tagebücher gefälscht waren. Der Fälscher und der Redaktor, der die Fälschungen dem Verlag unterjubelte, wurden vor Gericht gestellt. Erbittert wurde zwischen Arbeitgebern und Arbeitnehmern gerungen. Es ging diesmal weniger um Lohnerhöhungen als um Arbeitszeitverkürzungen. Nach einem langen, Millionen kostenden Arbeitskampf kam ein Kompromiss zustande, der eigentlich niemanden befriedigen konnte.

Im Vorfeld der Nato-Nachrüstung hatte es gerade in der Bundesrepublik leidenschaftliche Auseinandersetzungen gegeben. Aber als die ersten Raketen dann auf deutschem Boden eintrafen, kam es nicht zu den vielfach befürchteten Ausschreitungen. In Saudi-Arabien versuchte Bundeskanzler Kohl seinen Gastgebern klar zu machen, warum er ihnen keine Leopard-Panzer verkaufen konnte (oder wollte). Es war nicht, weil die Schweizer sie haben wollten und bekommen sollten (Seite 155) . . .

In Frankreich (Seiten 102 bis 108) gerieten Staatspräsident Mitterrand und sein Team in Schwierigkeiten. Wirtschaftliche Sanierungsmassnahmen stiessen auf Widerstand, der sich in Kommunal- und Europa-Wahlen in massiven Stimmenverlusten auswirkte. Alarmierend dabei ist vor allem, welch starken Zulauf der rechtsextreme Fremdenhasser Le Pen erhielt. Mit einer Regierungsumbildung suchte Mitterrand die Dinge wieder in den Griff zu bekommen. Der Mitterrand-Vertraute Laurent Fabius ersetzt den glücklosen Premierminister Mauroy; die Kommunisten, schon längst unzufrieden mit Mitterrands Sparpolitik, schieden aus der Regierung aus. In der Türkei (Seite 109) fanden unter der Regie des Militärs Wahlen statt. Die Repression ist geblieben, die Zugehörigkeit der Türkei zum Europarat – der stolz auf seine demokratischen und humanitären Ansprüche ist – bleibt umstritten.

Neue Dimensionen im Krieg am Persischen Golf (Seiten 110 bis 114). Teheran drohte die für die westliche Ölversorgung eminent wichtige Strasse von Hormuz zu blockieren, falls der Irak weiterhin iranische Ölanlagen bombardiere. Ins Kriegsgeschehen hineingezogen wurde auch die Tankerschiffahrt direkt.

Zahlreiche Schiffe wurden von irakischen und iranischen Flugzeugen angegriffen und teilweise in Brand geschossen. Mysteriöse Minen tauchten im Roten Meer auf. Rund zwanzig Schiffe meldeten Schäden. Grossangelegte Suchaktionen mit Minenräumbooten verschiedener Nationen brachten wenig Erfolg. Unbekannt blieb vor allem, wer diese Minen gelegt hat – sofern es überhaupt solche neueren Datums waren. Gefunden wurde zumindest eine aus der Zeit des Jom-Kippur-Krieges.

Im Libanon (Seiten 115 bis 122) kam endlich nach Jahren des Leids eine Einigung der Bürgerkriegsparteien zustande. In zwei Konferenzen am Genfersee erfolgte der Durchbruch. Ob die Verständigung dauerhaft sein wird, muss sich noch weisen. Scharmützel und regelrechte Gefechte zwischen den ehemals verfeindeten Milizen gab es auch nach der offiziellen Versöhnung noch. Schwer in Bedrängnis geriet Palästinenserführer Yassir Arafat mit seiner PLO. Im Kampf gegen prosyrische und von Syrien massiv unterstützte Palästinenser geschlagen, musste er mit seinen Getreuen den Libanon verlassen.

Nicht zuletzt das militärische Engagement im Libanon brachte Israel (Seiten 123 bis 126) in eine katastrophale wirtschaftliche Lage. Neuwahlen, in denen statt des alten Haudegen Begin nun Shamir den regierenden Likud-Block anführte, endete praktisch mit einem Patt. Nach mühsamen Koalitionsgesprächen kam schliesslich eine grosse Koalition des Arbeiterparteiblocks mit dem Likud zustande. Ministerpräsident für die erste Hälfte der Amtszeit wurde Arbeiterparteichef Peres. Bei Halbzeit löst ihn Shamir ab.

Auch schon bessere Tage hat der britische Löwe gesehen (Seiten 127 bis 134). Anders als im Falkland/Malvinas-Konflikt mit Argentinien wurde aber im Fischereistreit mit Dänemark nicht scharf geschossen. Als aus der libyschen

Botschaft in London heraus eine britische Polizistin erschossen wurde, kam es zwischen Grossbritannien und Libyen zu ernsten Spannungen. Unversöhnlich hart blieb Premierministerin Thatcher in Lohnkonflikten gegenüber Dockern und Bergarbeitern. Ebenso unerbittlich verfocht sie gegenüber den Partnern in der Europäischen Gemeinschaft (Seiten 134 bis 141) die eigenen Interessen. Und weil das in dieser Gemeinschaft ohnehin fast alle tun, muss man sich nicht wundern, wenn das Schiff «Europa» Schlagseite hat. Immerhin brachte die EG so viel Einigkeit auf, die Intervention der USA auf der Karibik-Insel Grenada zu verurteilen. Den Flugplatz, den das dortige Regime angeblich für kubanische und sowjetische Basis-Wünsche in Angriff nahm, werden nun nach Fertigstellung wohl die Amerikaner nutzen (Seite 143). Eine Invasion anderer Art erlebte die Normandie – 40 Jahre nach der Landung der Alliierten. Von den Verbündeten von heute fehlte der Feind von gestern: Der deutsche Bundeskanzler Kohl und Frankreichs Staatspräsident Mitterrand gedachten stattdessen Monate später auf den Schlachtfeldern von Verdun der Toten beider Weltkriege.

Kommt er, kommt er nicht, wann kommt er endlich, der wirtschaftliche Aufschwung? Das wird, wenn's schlecht läuft, auch in der nächsten Zeit die grosse Frage sein (Seite 142).

Fast nur schlechte Nachrichten aus Mittel- und Südamerika (Seiten 42 und 143 bis 147). Die Hoffnung, dass sich hier etwas zum bessern wendet, ruht hauptsächlich auf dem Friedensplan für Mittelamerika, den die vier Staaten der sogenannten Contadora-Gruppe (Panama, Mexiko, Kolumbien und Venezuela) ausgearbeitet haben. Aber solange im Weissen Haus ein Präsident sitzt, der in jedem Aufmucken gegen soziale Ungerechtigkeit und gegen Repression in diesen Ländern kommunistische Subversion wittert, so lange muss diese Hoffnung gering bleiben.

Zwiespältig wie eh und je blieb das Verhältnis des Westens zu Japan (Seiten 148 und 149): Die Bewunderung über die grossen Leistungen der japanischen Industrie hielt sich in Grenzen; die Furcht, von deren Produkten überschwemmt und überrollt zu werden, ist noch allemal grösser.

In der Schweiz (Seiten 152 bis 157) erlitten die Bemühungen für die Einführung eines Zivildienstes eine neue Abfuhr. Wir sind da mit andern Ländern in guter Gesellschaft. Ob wir wirklich zufrieden sein können, wenn wir den Leopard-Panzer endlich haben? Das Ding ist teuer; zu teuer sagen viele und meinen, es könne billiger beschafft werden. Zahlen schwirren und Köpfe brummen. Brummen muss Harald Naegeli, der mit seinen Strichmännchen so manche schöne Zürcher Betonwand versaut, bzw. manche wüste Zürcher Betonwand verschönert hat. Die Zürcher Behörden haben seine Auslieferung durch die Bundesrepublik erreicht; dem Gesetz ist Genüge getan – wenigstens dem Buchstaben des Gesetzes.

Schwer tut sich die Schweiz mit dem UNO-Beitritt. Ob es hilft, wenn man dem skeptischen Eidgenossen immer wieder versichert, man werde dann in Nü Jork die schweyzerische Neutralitäät schon nicht ritzen lassen? Als ob die andern UNO-Mitglieder ein Interesse daran hätten, auch nur im geringsten an dieser Neutralität zu rühren. Was soll's also? Wichtig wäre doch, dabeizusein. Aktiv dabei zu sein wie etwa an der Konferenz über Sicherheit und Zusammenarbeit in Europa (Seiten 159 bis 162).

Abseits zu stehen kann sich niemand erlauben – auch und gerade die Schweiz nicht.   Urs Widmer

15   «Du grünst nicht mehr zur Sommerzeit, auch nicht im Winter, wenn es schneit!»

Sofortmassnahme gegen Luftverschmutzung

17   «Stehen jetzt im Wald nur noch die armen, kranken Bäume?»

Europarat: «...und muss auch auf die etwa hundert Millionen Europäer hingewiesen werden, die täglich acht Stunden lang rauchen!»

18

19 «In diesem Geiste kämpft meine Partei gegen den sauren Regen in unserem Vaterland!»

21   «Konserven!»

Es wird jedes Jahr mehr

«Aber bitte kein Giftgas, Gentlemen!»

«Jedenfalls weiss er jetzt, dass wir empört sind.»

High noon in Genf

«Sie reden wieder miteinander.»

Bereit zu Abrüstungsgesprächen im Weltraum?

«Aber nein, Schätzchen! Deine Rakete wird nicht mitgezählt.»

28

Kaputt-Pumpen...

«Wir müssen die chemischen Bomben abmontieren – sie sind zu gefährlich!»

31   «Kein Vertrauen zum deutschen Wähler, wie?!»

Malt die Teufel an die Wand ...

33 «Für jede neue zwei alte weg – da ändert sich doch nicht viel.»

«...und hoffe ich, dass Sie meinen neuen Abrüstungsvorschlag mit ebenso viel Interesse lesen werden wie ich den Ihren.»

Wiener Truppen-Abbau-Gespräche im Jahre 2000: «Und ich behaupte, dass Ihr die falsche Zähl-methode anwendet.»

«Noch nie war er so wertvoll wie heute.»

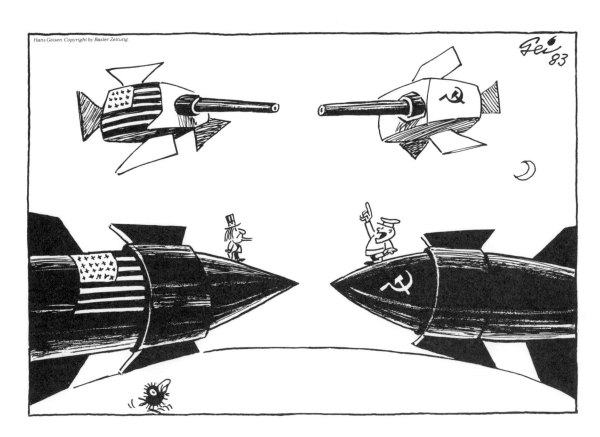

37 «Rüsten wir erst im Himmel oder erst auf Erden ab?»

«Der Herr erklärt euch gerne, wie sich der Traum von Glück, Freiheit und Erfolg auch bei euch realisieren lässt.»

38

Die Unaufhaltsamkeit der Realpolitik

«Optimismus ist Feigheit!»

41   Man muss das Unmögliche wollen, um das Mögliche zu erreichen.

«Dank erfolgreicher Aussenpolitik haben sich unsere Probleme auf das mittelamerikanische Detail reduziert.»

43   Explosion der Angst

Rast auf halbem Weg

45

Wer hätte ihm das noch zugetraut?

«Hello! Den habe ich doch schon einmal gesehen!»

«Um Himmels Willen! Er ist schon startbereit!»

Mondales Vize

Hans Geisen. Copyright by Basler Zeitung

«Sofort eine Studiengruppe hierher!»

51   «Let's go: When the Saints go marching in!»

Vorolympisches Pokerspiel

Fortsetzung der Politik mit anderen Mitteln

«Medaillen jetzt billiger!»

55   Vier Hundertstelsekunden schneller

– – –

57   Am Grab einer Idee

Eine Medaille in Afghanistan...

59 Krönung im Kreml

Tschernenko

Wechselrahmen oder Rahmenwechsel?

61   Irren ist tödlich

«Alarm!!!»

63   «Ehrlich! Wir halten gar nichts von Nachrüstung!»

Wenn es Frühling wird in Afghanistan...

65

Polen: Wasser, Gas und Tränen

Polen ohne Papst

Schnappschuss in Alaska

71 «Er liess sich nicht davon abhalten, ins Innere Mittelamerikas vorzustossen.»

Warten auf die neue Lokomotive...

«Eine Möglichkeit wäre, dass wir dir auf die Beine helfen und du mich hinaufträgst.»

75 «... bis dass der Tod euch scheidet. – Habt Ihr euch das genau überlegt?»

Revidiertes Konkordat: «Gott für uns alle und jeder für sich selbst.»

«Jetzt reicht es aber!»

Geï 84

Hans Geisen. Copyright by Basler Zeitung.

Das deutsch-deutsche Verhältnis

79 «Ausser dem Genossen Honecker darf vorläufig niemand ausreisen!»

«Unser Feindbild wird sofort geändert, Genossen!»

81 «Mir graust vor unserer Nachrüstung, Genosse!»

Getragen von allen Parteien

Hans Geisen. Copyright by Basler Zeitung.

83   Count down . . .

Hans Geisen. Copyright by Basler Zeitung.

85   Franz-Josephs Traumspiel...

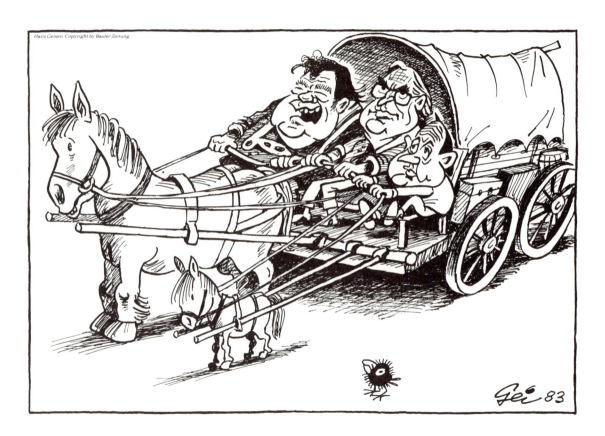

Hans Geisen Copyright by Basler Zeitung

«Also von mir aus kann es los gehen!»

87 «Ich werde mich mehr ausserparlamentarisch profilieren!»

Bonn: Homo sapiens

88

FDP

AMNESTIE GESETZ

«Und woher willst du eine andere Lokomotive nehmen?»

«Wie oft willst du das noch mitmachen?!»

Hans Geisen. Copyright by Basler Zeitung

ADOLF HITLER: Tagebücher

91   Höllengelächter

«Du bist ja fast so rückständig wie die Japaner!»

Hans Geisen, Copyright by Basler Zeitung

Streik

Aus-sperrung

Geí 84

«Soweit sind wir noch lange nicht!»

«Was denn! Die werden tatsächlich aufgestellt?!»

97 «Aber, Mr. Reagan! Sie dürfen meinem Adler Ihr volles Vertrauen schenken!»

«Sehr schön! Und jetzt noch dick unterstreichen!»

Die zweite deutsche Teilung

Zum Empfang im Kreml

«Ehrlich! Ich würde dir gerne Leoparden verkaufen.»

«Ich wollte dich nur warnen, chéri.»

In der kommunalen Ebene nach rechts!

«Siehst du nun ein, dass da nur eine Hormon-Kur hilft?»

«Und wozu haben wir eine Armee?!»

«Wasser und Abmagerungspillen – das nennst du ein Menu?»

107   Ehekrise

«Alles klar, Chef! In welche Richtung?»

109 «Wie versprochen: Freie Wahlen!»

Die Strasse von Hormuz

Hans Geisen. Copyright by Basler Zeitung.

Ernste Mi(e)nen

Golfkrieg – Angriff ist die beste Verteidigung

«Selbstverständlich! Prompte Lieferung und beste Qualität!»

«Jetzt auch kleine Mengen zu günstigeren Preisen!»

115 Und da eine Versöhnung im Morgenland nicht möglich war, machten sie sich wieder auf den Weg ins Abendland...

«Also gut – wir sind eine arabische Familie. Aber dann muss der Rucksack weg!»

In der Falle

119 «Aber das machen wir nicht ein drittes Mal, Chef!»

«Und was jetzt?»

«Wir steigen nur ein, wenn er Räder hat!»

«Sorry, Mr. Gemayel! Es war ein Irrtum!»

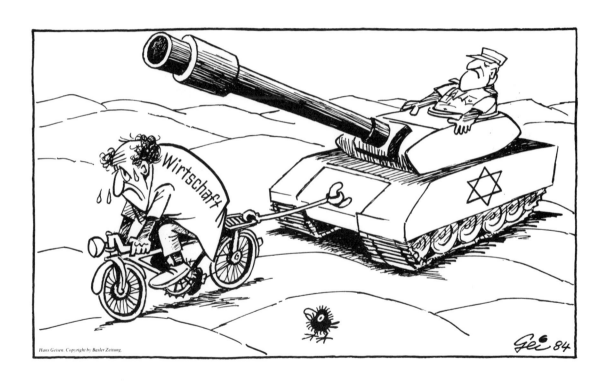

Hans Geisen. Copyright by Basler Zeitung.

125   Verteilungsproblem

Warten auf die Crew...

«Den Schlüssel stecken wir im Ernstfall selbstverständlich gemeinsam ein, Kamerad.»

Wasserwerker-Streik

129 Wenn über eine Sache endlich Gras gewachsen ist ...

«Vor miesen libyschen Löwen habe ich keine Angst!»

«Na warte!»

«Ersatzmannschaft bereitstellen!»

Hans Geisen. Copyright by Basler Zeitung.

135 EG – Budget – Beratungen

«Damned! Das ist zwar der Westen, aber nicht der wilde!»

Verlassene Baustelle

Auf dem langen Marsch zur Europa-Wahl

139   EG-Gipfel beim Nachdenken über Wiederbelebungsversuche...

40 Jahre danach: Die zweite US-Invasion

141   Rette sich, wer kann...

Warten auf den Konjunktur-Zug: «Pssst! Ich höre etwas!»

143   «Der nächste Job, Sheriff?»

Gruppenbild mit Dame

144

Hans Geisen. Copyright by Basler Zeitung.

Der lange Marsch durch Guatemala

147

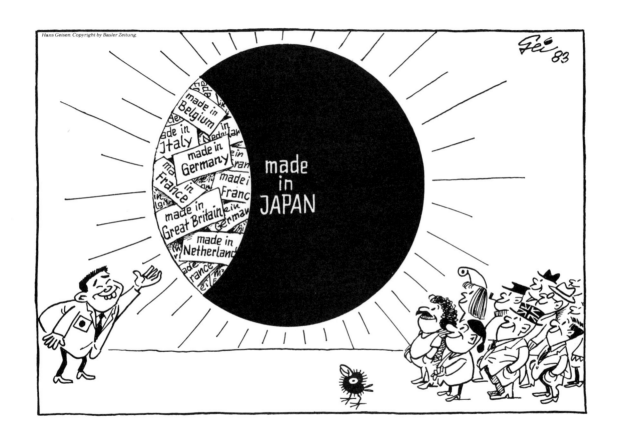

Hans Geisen. Copyright by Basler Zeitung.

Der kritische Punkt

Ferienbeginn: Europa vereint im Stau

Begegnung im Weltall . . .

ZIVILDIENST FÜR
MILITÄRDIENST-VERWEIGERER

Hans Geisen Copyright by Basler Zeitung

153 _ _ _

Der Sprayer in Zürich

155 «Gratuliere Ihnen! Wir verkaufen ihn nicht an jedermann.»

«. . . und dann werden wir noch eine feierliche Neutralitätserklärung abgeben!»

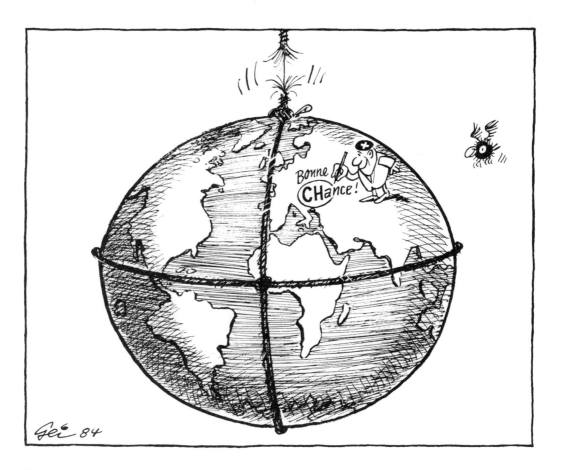

157   Globalstudie

«Aber nur zum Spielen!»

159 «Also denn – den Rest erledigen wir später.»

Stockholm: Vertrauensbildende Massnahmen

160

Null-Lösungen

UNO-Weltbevölkerungs-Konferenz – «Keine Pille.» – «Keine Abtreibung.»

Dürre in Afrika? Ausgerechnet jetzt?

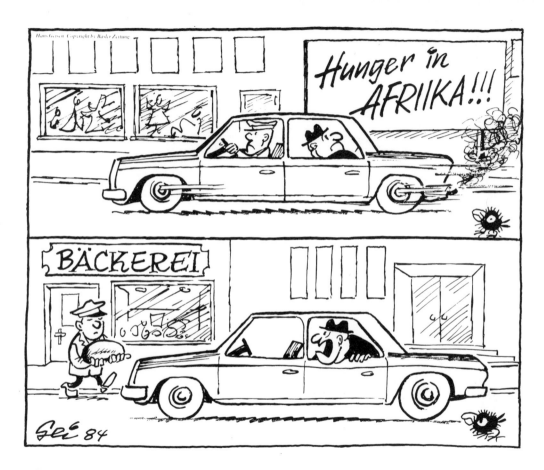

«Schnell zur Post!»

166

Hans Geisen. Copyright by Basler Zeitung.

Weitere Publikationen von Hans Geisen

Bellen und Beissen
Robert Lembke stellt in diesem
attraktiven Buch über 100
unpolitische, bisher nicht
veröffentlichte Cartoons des
bekannten BaZ-Karikaturisten vor.
19×24 cm, 128 Seiten, Fr. 16.80

Politische Karikaturen Band 15
Originelle Karikaturen zum welt-
politischen Geschehen der Jahre 1981/82
mit einem Überblick von Urs Widmer.
144 Seiten, Fr. 19. 80.
Frühere Bände sind noch lieferbar.
(1, 2, 4 und 8 vergriffen).

25 Jahre politische Karikaturen
Eine Auswahl der besten
und bisher
unveröffentlichten
Karikaturen, vorgestellt
von Heinrich Kuhn.
120 Seiten, Fr. 22. 80

Buchverlag Basler Zeitung